Rr

Maria Puchol

Abdo
EL ABECEDARIO
Kids

abdopublishing.com

Published by Abdo Kids, a division of ABDO, PO Box 398166, Minneapolis, Minnesota 55439.
Copyright © 2018 by Abdo Consulting Group, Inc. International copyrights reserved in all countries.
No part of this book may be reproduced in any form without written permission from the publisher.

Printed in the United States of America, North Mankato, Minnesota.

102017
012018

THIS BOOK CONTAINS
RECYCLED MATERIALS

Photo Credits: iStock, Shutterstock

Production Contributors: Teddy Borth, Jennie Forsberg, Grace Hansen

Design Contributors: Christina Doffing, Candice Keimig, Dorothy Toth

Publisher's Cataloging in Publication Data

Names: Puchol, Maria, author.

Title: Rr / by Maria Puchol.

Description: Minneapolis, Minnesota : Abdo Kids, 2018. | Series: El abecedario |
      Includes online resource and index.

Identifiers: LCCN 2017941881 | ISBN 9781532103186 (lib.bdg.) | ISBN 9781532103780 (ebook)

Subjects: LCSH: Alphabet--Juvenile literature. | Spanish language materials--Juvenile literature. |
      Language arts--Juvenile literature.

Classification: DDC 461.1--dc23

LC record available at https://lccn.loc.gov/2017941881

Contenido

La Rr 4

Más palabras
con Rr 22

Glosario 23

Índice 24

Código Abdo Kids 24

La Rr

Ricardo se **r**elaja leyendo con su **r**obot.

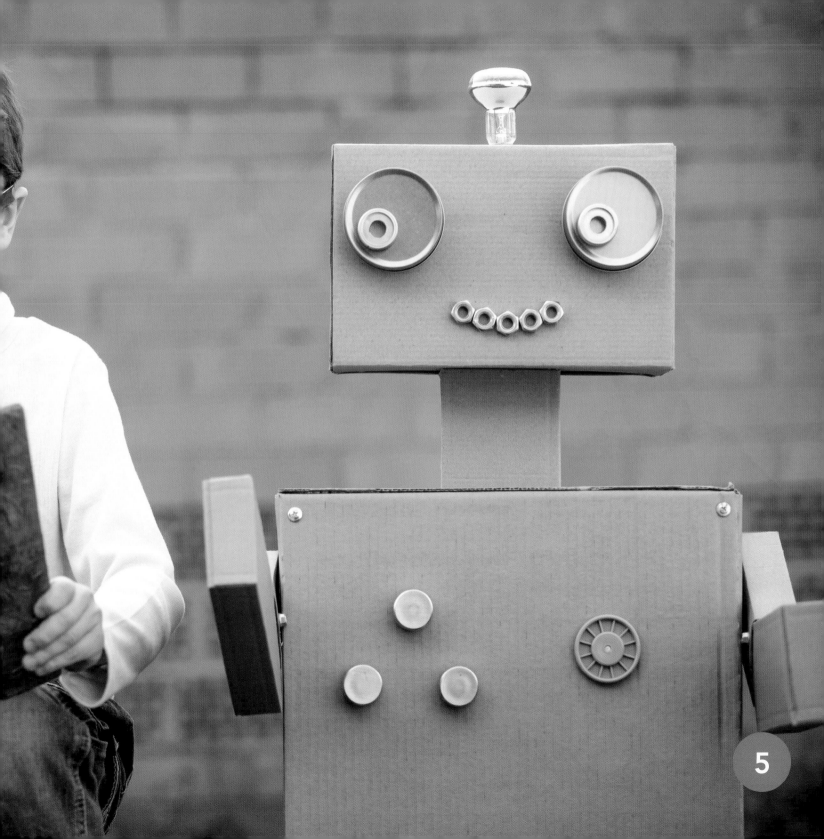

La Rr

Para jugar al tenis se necesita una **r**ed y algunas **r**aquetas.

La Rr

Rosa y **R**ita son de **razas** diferentes, se **r**íen mucho juntas y se **r**espetan.

La Rr

Robe**r**to puede hace**r** una **r**eceta **r**ica **r**ápidamente.

La Rr

Rebeca vio **r**enos en **R**usia.

La Rr

Raúl quie**r**e **r**epeti**r** el viaje a **R**oma.

La Rr

Él usa una **r**egla para hace**r** un **r**ectángulo.

La Rr

Una planta tiene **r**aíces y **r**amas para alimenta**r**se y hojas para **r**espi**r**ar.

La Rr

¿Qué está **r**esolviendo **R**od**r**igo con su familia?

(un **r**ompecabezas)

Más palabras con **Rr**

rascacielos

rayuela

regalo

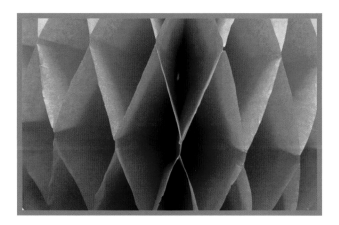

rombos

Glosario

raza
características físicas y culturales
que pueden formar parte de la
identidad de las personas.

receta
explicación paso a paso de cómo
y con qué se hace una comida.

Índice

raíz 18

rápido 10

raqueta 6

raza 8

rectángulo 16

red 6

relajarse 4

repetir 14

respetar 8

robot 4

rompecabezas 20

Rusia 12

abdokids.com

¡Usa este código para entrar en abdokids.com y tener acceso a juegos, arte, videos y mucho más!

Código Abdo Kids:
EAK2998